de **burros,**
ratones
y gatos

No son más pillos
los de alante
si los de atrás
van robando....

¡Qué cara ponen los políticos!

12

Restaurante frecuentado por políticos en aprietos.

¡Qué inmoralidad!

Abuelo I.

15

Hogar, dulce hogar.

El contralor.

Conversan el senador y el contratista.

¿La mano de dios?

Alegato.

20

Lavado y planchado en una hora.

La sacrificada vida del líder obrero.

Mal necesario.

Confesión.

Palabras de aliento.

Hablan los constructores de hogares.

Kourí recibe a Misla.

Mea Culpa.

Algunos están arrepentidos.

Siempre disponible para el servicio público.

Debates radiales de alta calidad.

Estadísticas.

Hablan los desarrolladores.

32

Es pecado, hijo mío...

Tomaré un descanso...

Nos vemos en las urnas.

¡Ay de aquel que no esté de acuerdo con el tío Sam porque será investigado el resto de sus días!

Acción preventiva.

38

Nuestra privacidad.

Interactividad federal.

¿Derechos...?

Una gran epidemia.

Otra víctima.

43

Especialmente dedicado a los abnegados agentes que espían mi computadora.

44

Símbolo sospechoso.

Gobierno de magogo

Bienaventurado aquel que tiene gobierno porque tendrá razones válidas para quejarse...

Campaña de turismo.

¿Pillo o policía?

Democracia tripartita.

Planta de filtración de la Autoridad de Acueductos y Alcantarillados.

El gobierno anunció sus nuevas ideas para combatir la criminalidad.

Diálogo ciudadano.

Artículo 103.

54

Receta médica.

¿Otra?

Grandes ideas.

La fila de ARPE.

Informe del tiempo en el Gabinete.

Sabiduría de barbero.

QUIERO SOMETER UNA ENMIENDA
AL LLAMADO BARRIL
DE TOCINO...

PLANETAKIKE.COM

60

Quiero someter una enmienda.

Bayamón.

Buen provecho.

Salud, señores.

La casa de las leyes.

Buenos días, Puerto Rico.

66

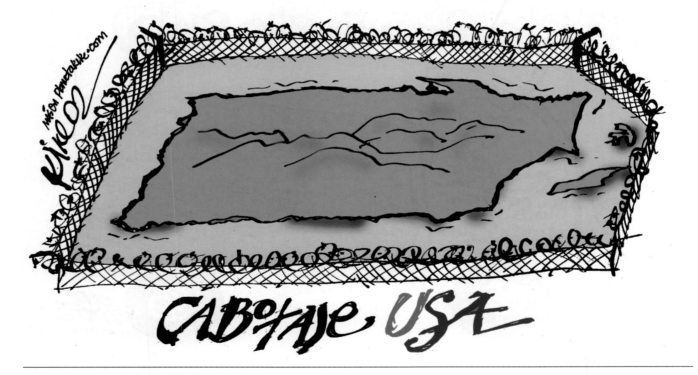

CABOTAJE, USA

Cabotaje.

67

Tratamiento médico costoeficiente.

68

Cerrado al público.

Cálmate.

70

Aviso.

Bufón tricolor.

El rótulo decía...

Malestares de la libre empresa.

Oficial de Relaciones con la Comunidad.

Biotecnología.

Estos radicales...

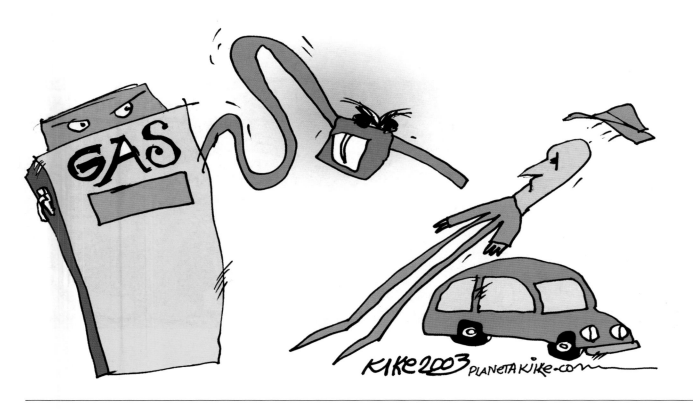

¡Asalto a mano armada!

Guernica Boricua.

Lecciones de la TV.

Intoxicación tripartita.

Lamento Borincano.

Presupuesto.

Ola criminal.

Los mamones.

Tomando medidas.

Ponce en Marcha.

Agresión del 15 de abril.

88

El gobierno quiere ayudar a la prensa a hacer un buen trabajo.

Legislador a tiempo completo.

90

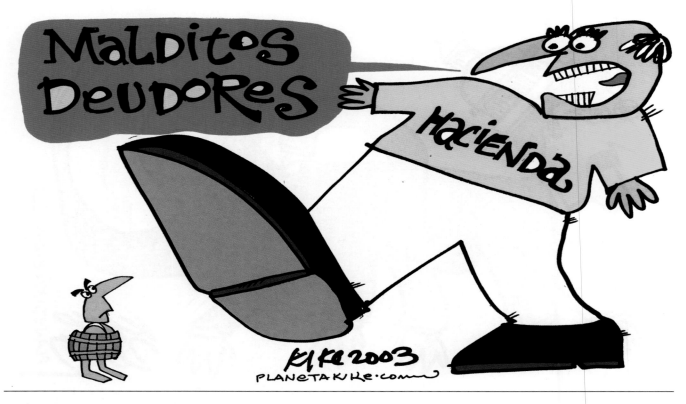

Malditos deudores…

Emergencias médicas.

92

El plan no cubre los gastos.

Drácula, el servidor público.

Prueba genética.

Pues ahora, sírvase pagar la planilla, los intereses, los recargos y las penalidades....

96

¡Sorpresa!

Abuelo II.

La candidatura.

Reenfoque en la lucha contra el crimen.

Santurce.

Lo sentimos...

Arbitrios.

Delitos Tipo I.

Servicio de Emergencia.

la guerra del non grato

¡Ay del que cambie sangre por petróleo porque pronto ni su auto, ni su corazón funcionarán!

Tanto por tan poco...

108

La democracia tiene su precio.

Comida para el águila.

110

Estampa de Irak.

Gobierno soberano.

Ayuda humanitaria.

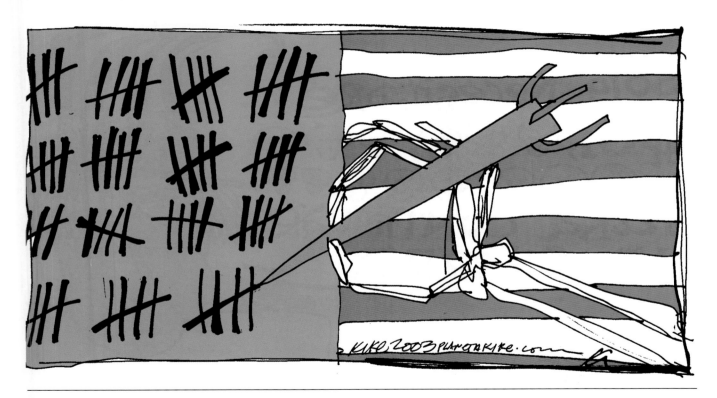

La bandera de Bush.

SÓLO NECESITARÉ $87,💀💀💀,💀💀💀,💀💀💀,💀💀💀,💀💀 PARA CONTINUAR LA GUERRA

114

87,000,000,000,000.

Desinformación masiva.

116

Felicitaciones del jefe.

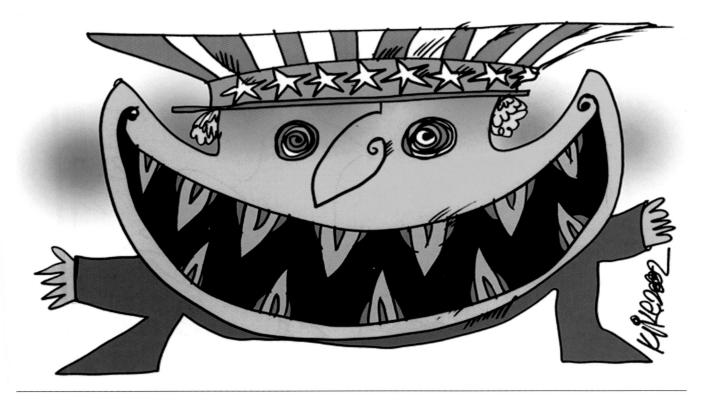

Cepíllese los dientes regularmente.

Paloma...

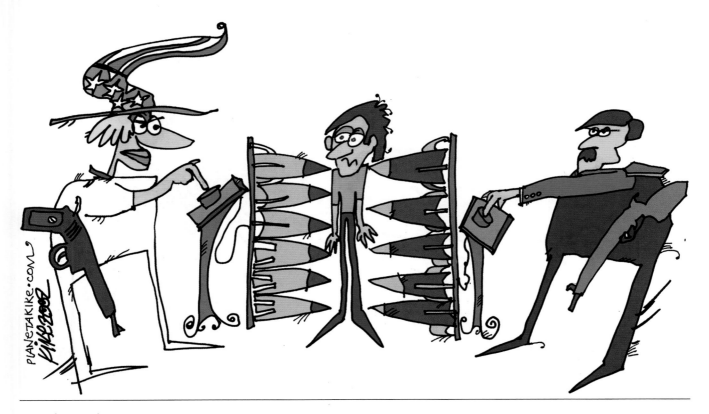

Caga'o por las dos puntas...

120

Propuesta.

Dice que viene a liberarnos...

EL NUEVO GOBIERNO IRAQUÍ SERÁ EL EJEMPLO PARA EL MUNDO...

Ejemplo.

Inteligencia.

Hallazgo.

No murió en vano...

126

¿Y qué?

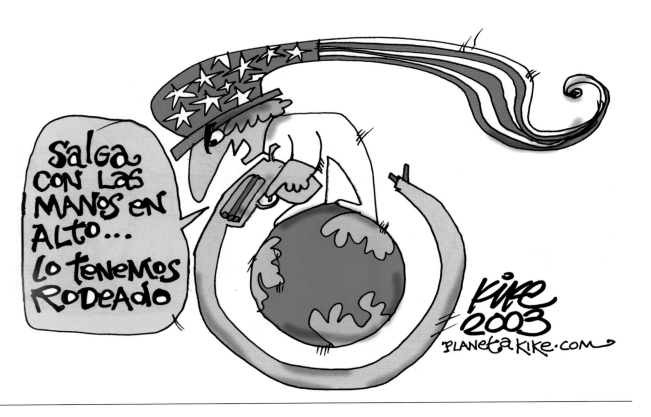

127

Lo tenemos rodeado.

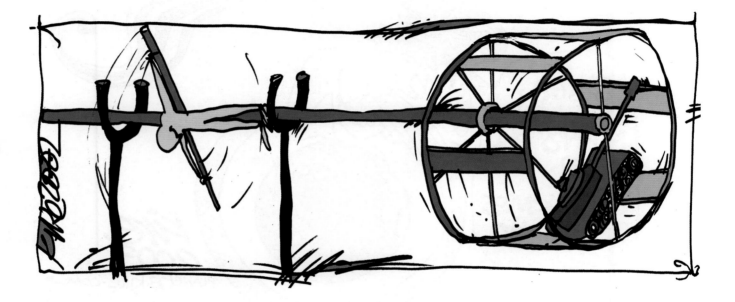

Tratamiento a los detenidos en Irak.

España.

Calor balanceado.

Curso intensivo.

132

¡Paz!

La piedra que tumbó a goliat

go home...

La marina encalla.

La marina y la policía.

¿Bala viva o bala inerte?

138

Libertad de expresión en Vieques.

EL PUEBLO DE PUERTO RICO ESTÁ CONFUNDIDO SOBRE EL PAPEL DE LA POLICÍA EN VIEQUES

139

El Comandante Angel Gracia no sabe nada...

Donde manda capitán...

Alvarado: el gorila estadounidense que habla español.

San Sebastián de Vieques.

www.PLANETAKIKE.COM

Cadena de mando en Vieques.

Sorpresas de la defensa común...

Lenguaje de señas.

¡Puerco!

el olimpo de hato rey

Bienaventurado el que sea amigo de un juez federal, porque no cumplirá ni un día de cárcel.

Es un consejo de amigo...

150

Cafetería Angie, atendida por el chef Pérez Jiménez.

Laffitte no quiere escuchar a Kourí...

152

... y tampoco a Víctor Fajardo.

Justicia a la "American Way".

154

¿Quién manda en Puerto Rico?

Es un hombre *bueno*, le gusta ayudar a su gente....

¡Qué dulce el silencio!

Bailan los buitres.

¿Y el perjurio?

Las dos puertas del Tribunal Federal.

Casos de mis amigos.

Conviviendo entre las tribus

... para que ya no se entiendan entre ellos mismos.

Génesis 11:7

Consulta entre amigos.

Profundidad política.

En el caucus.

Carrera.

El Tío Sam exalta la democracia puertorriqueña.

Todavía me queda algún poder en el Partido.

Promesa de campaña.

Especiales de la Cafetería Sila.

Elector a la varita.

El gobierno unido...

El regreso de Rosselló.

174

Sin futuro.

Finca privada.

176

Clásico Corrupción.

Campaña electoral.

Buenas noticias.

Democracia interna.

Casos aislados.

Gríngolas.

Máquina de consenso.

Sed de venganza.

Chemo Jones.

Transparente.

186

Pereira siempre dispuesto.

Todo por nuestro líder.

Evidencia.

Lo barato...

La silla del Supremo.

Sólo los dioses...

Los dedos de la mano.

193

Fondo electoral.

Diálogo.

Saludo a la bandera.

Conmemoración del 50 aniversario del ELA.

La cuota.

HOMBRE
DE ESTADO
(SICÓTICO)

Hombre de estado.

ALIDA ARIZ- MENDI

Saltan las pulgas.

Huracán.

Proceso alterno.

202

Primarias en el PNP.

Análisis económico.

Tú eres el líder.

La jefa se impone.

Conversación privada.

ES UN CASO MUY SERIO DE SÍNDROME DE POLÍTICO FRACASADO AGUDO...

Caso muy serio...

¿Así, Doña Miriam?

Fiesta primarista.

Advertencia.

¿Otra vez?

212

Romero vuelve al ataque.

La llegada del mesías.

214

Yo sólo sé que no sé nada.

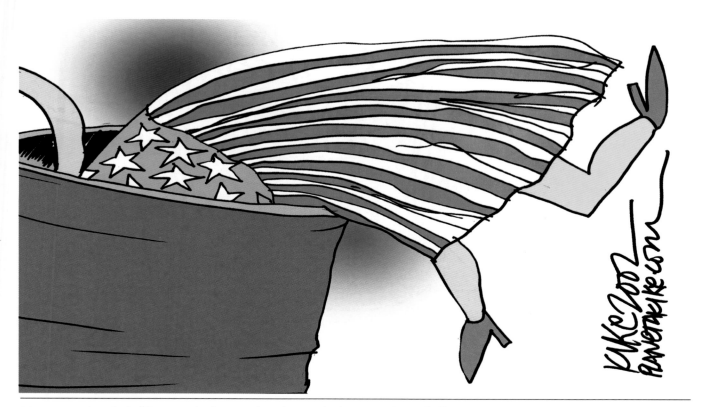

Unas cuantas *botellitas* serán la prueba de que *beben* en el Capitolio...

El sueño de los justos.

Sila espera carta de Washington.

218

Pava Airways.

Se los juro...

Plan para la corrupción.

221

Manos limpias.

No necesito un carro grande, con este compacto estoy muy cómodo.

PIP

Compacto.

Rosselló no pide perdón.

Cosecha 2004.

Super Tubo I.

Uniformes.

Atácalos...

228

Diagrama del Super Tubo.

Elector.

230

¡Qué tostón!

Super Tubo II.

232

Amoríos de la defensa común.

Acusaciones bien fundadas.

Ataque de pánico.

¡BRINDEMOS TODOS POR EL 2004!

La mesa electoral.

Que sigan halándome el carrito...